Le Corps En Poésies

TOME I

Sandrine Adso

Le Corps En Poésies

TOME I

Vivre dans la sobriété permet le renouvellement de toutes les énergies qui promettent toujours la vie en-deça de la mort.

© Sandrine ADSO, 2023
Édition : BoD - Books on Demand, info@bod.fr
Impression : BoD – Books on Demand, In de Tarpen 42,
Norderstedt (Allemagne)
Impression à la demande
ISBN : 978-2-3224-7219-2
Dépôt légal : Avril 2023

Cordon ombilical

Les Bambara l'appellent la corde de la gourde de l'enfant
Ils le considèrent comme la racine par lequel l'être vivant
En gestation est relié à la terre-mère.
Aussi, tant qu'il n'est pas tombé à terre[1]
La naissance n'est pas totalement accomplie.
Il s'agit pourtant des premiers jours de vie.

Ce n'est donc que ce jour là que l'accouchée
Sera visitée et félicitée,
Et ce n'est que le lendemain[2]
Dès l'apparition du matin
Qu'aura lieu la cérémonie de l'imposition du nom.
La nomination est la deuxième félicitation.

De cette conception symbolique des vertus du cordon ombilical
Résulte sa valeur fertilisante médicinale.

Il est ensuite conservé dans un sachet que l'enfant
Porte autour du cou, comme un talisman.

---

[1] Ce qui doit se faire, le septième jour : le nombre de l'homme complet.
[2] Soit le huitième jour : huit, nombre de la parole.

Pour les Indiens Hopis (Pueblos), il est la maison de l'âme de l'enfant.
Don C. Talayesva, chef Hopi,
Dans sa célèbre autobiographie,
L'explique en ces termes : *"lorsque mon cordon ombilical est tombé*
On l'a attaché à une fléche et on l'a accroché
À une poutre au plafond de la pièce, pour faire de moi un bon chasseur
Et donner une maison à mon âme d'enfant [en cas de malheur] :
Car mon âme pourrait rester à côté de la flèche et vite revenir
Dans la matrice de ma mère pour [un nouvel avenir]
Renaître de bonne heure".

Le cordon ombilical c'est aussi le premier lien
Entre l'enfant et le monde.
À la fois ce qui retient
Et ce qui projette seconde par seconde.

Il est comparable à la tige d'une fleur
Plantée dans le sol et qui s'élève vers la lueur :
L'enfant va jaillir de l'utérus maternel
Pour jaillir vers la lumière de la vie ouverte au ciel.

Il est la dernière continuité du corps de la mère
Pour accompagner son enfant sur terre,
Il est le dernier franchissement corporel
Pour poser le bébé dans le monde universel.

Il est aussi en quelque sorte cet arc-en-ciel
Qui unit l'instant de départ à l'instant d'arrivée :
L'enfant passe de la chaleur du sein maternel à une nouvelle maisonnée.

La vie provient de ce cordon
Qui relie magiquement à l'unisson.
Le corps de maman
À celui de l'enfant,
Nourriture et confort
Viennent de ce corps
Superbe de femme enceinte
Qui gagne sur la vie et efface les nuits défuntes.

Maman sent son bébé à chaque instant
Et tout son être est au service de l'enfant :
Ce sont les premiers moments d'amour
Qui sont autant de moments de plaisir
Qu'il y a de secondes dans un jour.
Jusqu'aux jours où le cordon sera coupé psychologiquement
C'est la mère qui donne jour et avenir
À son enfant.

Le corps humain maternel est parfaitement conçu pour la création
Le résultat sera fille ou garçon
Le résultat sera, souhaitons-le un grand moment de joie
Indescriptible, pour moi qui n'ai jamais connu cela.

Je peux cependant
Remercier mes parents
De me donner tant,
Et d'avoir fait de moi, une femme qui aime sentir le vent
De ses souvenirs éparpillés
Et de ses vœux les plus secrets.

Je remercie la poésie d'avoir fait de moi
La matrice de cet au-delà
Que sont les mots,
Comme autant de cadeaux...
D'enfants que ma muse, dont je tairai le nom
A posé dans l'intérieur de mon horizon,
Avec toutes les couleurs
Du bonheur.

Ma muse est en quelque sorte le père de tous ces poèmes
Et je sais qu'il se reconnaîtra[3] lui et tout ce qu'il sème
Comme graînes d'amour dans le jardin
De ceux qui sont encore dignes de porter le nom d'humain.

---

[3] Merci D.

Chair

Il y a le corps physique et le corps spirituel.
Le corps physique est fait de chair,
Le corps spirituel, de lumière ;
Et cette distinction est éternelle.

La vie humaine se fait tant par la chair
Que par la lumière.
Et le plaisir nous vient par elles deux :
L'univers sensuel et la puissance spirituelle, qui anime ses feux.

J'aime avec le corps et l'esprit
Puisque je vis ainsi,
Dans tout ce que je reçois de la vie :
Merci.

Les significations du mot chair ont évolué au cours des âges
Dans le sens d'une intériorisation croissante, un réel passage.

La chair est souvent représentée par les images d'un saint Jérôme
Se déchirant la peau avec une pierre ou par la tentation de saint Antoine :
Quelque fois comme une puissance diabolique habitant le corps de l'homme
Ou à l'inverse, le corps doux et simple comme la peau d'un âne.

Dans l'Ancien Testament, par opposition à l'esprit
La chair est représentée
Dans sa fragilité
Avec son caractère transitoire et fini.

Dans le Nouveau Testament, la chair est associée
Au sang pour désigner
La nature humaine du Christ et de l'homme ;
L'antagonisme entre le feu et la pomme
Entre l'esprit et la chair
Exprime l'abîme entre la naure et la grâce :
"Mais des bateaux viennent de Tiberias, près du lieu
Où ils avaient mangé le pain. L'Adôn ayant remercié"[i]
Manifestation de Dieu
Par la grâce
Et le pain sacré.

La chair est quelque fois capable de s'ouvrir aux valeurs spirituelles
Mais elle est inclinée vers le péché éternel.

St Paul montre le charnel
Asservi au péché
S'abandonner à la chair substantielle
Signifie non seulement devenir passif,
Mais introduire un germe de corruption.
Le plaisir est-il à condamner ?
Il peut parfois engendrer de beaux actifs
L'amour en étant l'un des maillons.

Le plaisir physique est louable,
Quelquefois condamnable
Lorsqu'il côtoie le vice
Et qu'il cause des préjudices.

L'homme se trouve écartelé entre la chair et l'esprit
Déchiré par la double tendance qui l'anime et l'affaiblit,
Il veut le bien et sa volonté est inefficace
Ce qu'il ose est appelé de l'audace.

La chair possède désormais un sens moral ;
Il ne s'agit plus seulement du corps ou de l'humanité
Mais de la nature humaine dans sa conception idéale
Qui a perdu sa rectitude par la faute originelle : le premier péché.

La chair est-elle considérée comme l'adversaire de l'esprit ?
Elle sera jugée une ennemie.
Voulant exprimer le poids de la chair,
Grégoire de Naziance la compare à une masse de plomb.
C'est là un jugement bien sévère
Pour l'homme et la femme qui veulent assumer leur passion…

L'ascèse a pour but de conquérir la liberté
Qui provient de la grâce et de l'esprit ordonnés à la divinité.
D'où l'importance donnée à la virginité.

Toutefois la chair refleurit
Quand à l'image de Dieu se reforme l'esprit. ;
Parfois, elle devance l'esprit qui la guide,
Elle prend sa délectation dans ce qui nourrit l'esprit
Et sa soumission devient naturelle et candide.

L'homme qui est spirituel et qui ainsi use de son corps
Mérite de voir la soumission de sa chair devenir comme naturelle
Spontanée et belle.
La pureté du plaisir existe dès lors.

La chair peut devenir une fidèle compagne pour l'esprit,
Mais, dans la pensée chrétienne, elle ne cesse d'exciter la méfiance.
L'humanisme posera la balance
En tendant à abaisser les barrières qui séparent la chair de l'esprit
Et en insistant sur l'unité indissociable de la nature humaine
Qui, entre le vice et la grâce est bien en peine.

Pour Hildebert de Lavardin, la chair est une fange gluante
S'en détacher exige un dynamisme dont peu d'hommes s'avèrent capables.
La prière, l'humilité, la compoction, la nostalgie pour certains est évidente
Sont autant d'adjuvants, dans l'acquisition de la paix du cœur durable
Résulte d'une parfaite maîtrise de la chair.

Peu à peu, celle-ci se sacralise et participe à la spirituelle lumière :
L'âme possède un avant-goût de la béatitude céleste tout en poursuivant
Son pélerinage terrestre et des sens puissants.

Car la chair ne comporte pas que des couleurs nocturnes, héritées
Du dualisme platonicien et exaspérées
Dans le manichéisme.
Le plaisir peut devenir un éveil, un prisme.

La chair prend aussi une valeur d'intimité,
Non seulement corporelle,
Mais spirituelle,
Intimité qui implique la totalité
De l'être humain.

On peut être pénétré jusque dans sa chair par un sentiment conjoint
D'amour ou de haine.
La chair désigne alors le principe le plus profond de la personne humaine,
Le siège du cœur entendu au sens de principe et d'action
Et qui propage les plus hautes ambitions :
"Je vous donnerai un cœur nouveau
Et je vous inspirerai un esprit nouveau ;
J'enlèverai le cœur de pierre
De votre sein et je vous donnerai un cœur de chair"[ii].

Le christianisme apporte même une promesse de résurrection de la chair
Ce qui fait dire à Paul Valéry qu'aucune religion
N'a autant exalté la chair,
D'où la Passion.

Bouche

Ouverture par où passent, le souffle, la parole, la nourriture
La bouche est le symbole de la puissance créatrice la plus pure
Et, tout particulièrement de l'insufflation de l'âme.
En un baiser, parfois il unit l'homme et la femme.

Organe de la parole[4] et du souffle[5], elle symbolise
Aussi un degré élevé de conscience
Un pouvoir organisateur qui aiguise
Du et par le pouvoir de la raison et de son degré de silence.

Mais cet aspect positif, comme tout symbole, comporte un envers
La force capable de construire, d'animer, d'ordonner
Force toute bienveillance, toute bonté
Est également capable de détruire, de tuer, de troubler, d'abaisser, de défaire
La bouche renverse aussi vite qu'elle édifie ses châteaux de paroles
Toutes paroles, sages ou folles.

Elle est médiation
Entre la situation
Où se trouve un être et le monde inférieur
Ou le monde supérieur,
Dans lesquels elle peut l'entraîner.
Elle est point de rencontre et d'arrivée.

---

[4] Verbum logos.
[5] Spiritus.

Elle est représentée dans l'iconographie universelle
Aussi bien par la gueule du monstre que par les lèvres de l'ange.
Elle est aussi bien, la porte, l'étincelle
Qui ouvre la porte du paradis avec ses archanges
Que celle des enfers
Monstrueuse et réductrice en poussière.

Après la mort, les Égyptiens pratiquaient un rite
Appelé : l'ouverture de la bouche.
Cette pratique est décrite
Comme destinée à : une fois que le mort est sur sa couche,
À rendre tous les organes aptes à remplir leur fonction nouvelle.

L'opération était placée sous les auspices d'Anubis, le dieu des morts éternel
Pratiquée, le jour des funérailles sur un corps soigneusement préparé.
Le prêtre-sem, spécialement qualifié,
Touche le visage du défunt deux fois avec une petite herminette[6]
Et une fois avec un ciseau ou des pincettes[7] ;
Puis il ouvre la bouche avec un burin et un doigt d'or.

Cette cérémonie assure au mort
La faculté de proférer la vérité,
Qui est si souvent espérée
De se justifier devant le tribunal des dieux[8]
Et de recevoir la vie nouvelle, tel un nouveau feu.

---

[6] Appelée grande-de-magie.
[7] Appelées les deux divins.
[8] Psychostasie.

Un disque solaire placé sur la bouche révèle
Que la vie même du Dieu Soleil Rê, éternelle
Est partagée par le défunt.
Il est appelé désormais à recevoir la nourriture du ciel.

Le Livre Des Morts de l'Égypte ancienne contient,
Des prières comme celle-ci :
"Rends-moi ma bouche pour parler [comme je l'ai choisi]"[9].

Il existait des sociétés secrètes
Dans lesquelles les cérémonies d'initiation religieuses discrètes
Exigeaient que le postulant fut d'abord baillonné,
En présence des dignitaires nominés ;
Un pontife ne lui ôtait son bâillon
Qu'après de premières épreuves subies avec succès.
Telle était l'initiation
L'épreuve et le rituel engagés.

La cérémonie de la fermeture de la bouche symbolisait
L'obligation de respecter le secret[10] :
De n'ouvrir la bouche qu'avec l'autorisation de la société
De ne diffuser que l'enseignement droit reçu de la bouche des maîtres.
Qui détenaient un certain savoir et pensaient tout connaître.

---

[9] Théodule Devéria, *Catalogue des manuscrits égyptiens écrits sur papyrus,* Éd.Charles de Mourgues Frères, 1872, 271 p., p. 161.
[10] La loi de l'arcane.

Des sculptures du sud de la Gaule représentait des têtes sans bouche,
Quand le file[11] irlandais Morann, fils de Cairpre[12]
Est jeté à l'eau sur l'ordre de son père ;
Il n'a pas de bouche.

Cette absence de bouche est certainement à mettre en relation
Avec l'éloquence, la poésie, ou l'expression
De la pensée.
Le vocabulaire celtique attesté
Ne permet pas de retrouver le symbolisme avec plus de précision.

Comme l'aveugle est doué de clairvoyance,
L'homme sans bouche est l'orateur,
Le poète d'un langage autre que le commun et une certaine voyance.
Décrivant ainsi bonheur et malheur.

Dans beaucoup de traditions, la bouche et le feu sont associés[13]
C. G. Jung voit un lien cynesthésique manifesté :
Une relation profonde entre bouche et feu.

Ce sont deux des caractéristiques humaines principales
Que l'usage de la parole et celui du feu.
Les deux procèdent de son mana supranormal :
L'émanation de la puissance spirituelle du groupe et de ses jeux.

---

[11] Poéte-devin.
[12] L'usurpateur.
[13] Langue de feu de la Pentecôte, dragons crachant le feu, la lyre d'Apollon le dieu-Soleil, etc.

Le symbolisme de la bouche puise aux mêmes sources que celui du feu
Et présente également le double aspect du dieu indien de la manifestation
Agni, créateur et destructeur dans le même lieu
Il s'agit d'une émanation
Bivalente au sein de la vie
La bouche des dieux et déesses est représentée en Agni.

La bouche dessine aussi les deux courbes de l'œuf primordial,
Celle qui correspond au monde d'en haut avec la partie supérieure palatale,
Celle qui correspond au monde d'en bas avec la mâchoire inférieure.
Elle est aussi le point directeur,
Le point de départ ou de convergence de deux directions,
Elle symbolise l'origine des oppositions,
Des contraires et des ambiguïtés.
Et elle a pour fonction de les nommer.

Et puis, il y a toi avec ta bouche
Les mots que tu murmures depuis la couche
Où tu rêves à tous ces paradis
Que le monde a volontairement enfoui.

Tu as cette mémoire
De tous les soirs
Où les êtres non charnels ont chanté
Pour célébrer ta royauté,
Ta puissance, ta douceur jamais égalées.

Comment peux-tu être à la fois comme ce feu qui ne brûle pas
Et magicien de tous les ruisseaux qui s'écoulent devant toi ?

Tu maîtrises la parole, comme l'enfant le ballon
Et du monde entier tu connais toutes les chansons.
Les mots pour toi,
Portent la force de la gematria.

La gematria est une forme d'exégèse propre à la Bible,
Texte, insécable, indivisible.
Dans laquelle on additionne la valeur numérique
Des lettres et des phrases, afin de les interpréter
Il s'agit d'une science numérologique
Liée à l'étude et à la compréhension de textes sacrés.

Gematria, Temura et Notarikon sont les trois procédés
De la combinaison des lettres pour déchiffrer :
La Torah,
Les lois.

La littérature talmudique
Reconnaît l'intérêt de la gematria classique
Mais met en garde les profanes contre les risques de superstition.
Une valeur numérique est attribuée à chaque lettre de l'alphabet
Selon l'ordre alphabétique de l'alphabet hébreu, dans la tradition.
La gematria est née.

De même que toutes choses sont contenues
De manière latente dans les Sephiroth connues,
De même les nombres et les lettres expriment-ils
Des ramifications spirituelles et numérologiques sans fin,
C'est là une étude difficile
Pratiquée avec ferveur et maintien.

Ainsi la lettre Aleph ne vaut pas seulement un mais cent onze en vérité
Puisqu'elle contient en elle la valeur des lettres qui composent son nom complet.

Il en va de même pour toutes les autres lettres de l'alphabet.

D'un point de vue herméneutique, les rabbins mettent en relation
Les mots de la Bible ayant une même valeur numérique
Et se posent la question :
Sur la/les relations que peuvent avoir à l'identique
Entre eux les passages qui les contiennent mêlés
L'extrême dans la Quabbale considère
Toute la Bible comme un message chiffré.
C'est le complément de la prière.

Les correspondances entre mots/valeurs numériques
En gematria *"mystiques"*
Sont censées partager des qualités similaires
Tout en révélant d'autres aspects du divin extraordinaire.
Ce système est fort utilisé dans des ouvrages majeurs
Du mysticisme juif, comme le Zohar, la perle intérieure
Du judaïsme.

Le Zohar est l'œuvre maîtresse du kabbalisme
Elle est rédigée en araméen.
La tradition rapporte que son auteur en serait
Shimon bar Yohaï, un rabbin qui vécut en Galilée[14].

Durant des siècles, ce texte aurait été transmis oralement
Avant d'être fixée solennellement
De manière écrite par Moïse de Léon,
Un juif religieux espagnol, plein d'érudition.

Le Zohar opère la synthèse de la littérature kabbalistique
Elle est issue de trois sources principales drastiques :
Le corpus des études juives anciennes : Talmud, Midrach et textes apparentés
C'est une science du secret.
Les philosophes juifs médiévaux : Maïmonide, Juda Halevi, Abraham Ibn Ezra.
Enfin, les écrits platoniciens[15], en particulier déjà.

Le Zohar réaffirme le projet de la kabbale sans schisme :
Restaurer la kabbale ésotérique du judaïsme,
Élaborer un système à la fois philosophique
Et mystique.
Afin de s'opposer au courant aristotélicien
Dominant au XIIIe dans les communautés juives au quotidien
Sous l'influence de l'école de Maïmonide, le rabbin.

---

[14] Au Ier siècle de notre ère.
[15] Et néo-Platonicien.

Le Zohar se présente comme un commentaire de la Torah,
Écrit en judéo-araméen, respectueux de la Loi.
À la manière des exégèses rabbiniques de la fin de l'antiquité,
Sous forme d'une homélie, d'un dialogue entre rabbins assemblés.

Le Zohar affirme qu'il y a quatre formes d'exégèse de la Torah :
Peshat, se rapporte au sens littéral du texte,
Remez, se rapporte au sens allégorique du texte,
Drash, méthode comparative et homélique à la fois,
Sod : le sens caché.
Les initiales de ces mots forment PRDS, ou PaRDes en hébreu : verger.

"Il en est ainsi pour la loi divine [totalement]
Les récits constituent son vêtement,
La morale qui en ressort
[Vaut plus que de l'or],
Est son corps,
Enfin le sens caché est son âme…
Les simples ne prennent garde qu'au vêtement
Et ne voient pas ce qui est en dessous : [la flamme]
[C'est le règne de ce qui est apparent]".

Les sages et les initiés, au service du roi d'en haut,
Ne considèrent que l'âme qui est la racine de toute loi et de ce qui est beau.

De même aussi pour les choses d'en haut,
Il y a un vêtement, un corps et une âme
L'âme des choses est ce qui se rapporte au ciel avec ses anges et ses flammes.

Le Zohar postule que la Bible est un document chiffré
Ses récits ne sont qu'un voile qui cache un système de pensées
Et un savoir très précieux
Portant sur la structure du monde, de l'Homme et de Dieu.
L'accès à ce savoir est déterminé par l'enseignement
De ceux qui ont reçu et transmettent
Les clefs du décryptage de cette numération secrète :
Pour les initiés seulement.

Pour Mopsik, le Zohar est une pensée du secret
Où il s'agit d'abord "de voir les choses les plus courantes,
Les plus habituelles, comme si on les regardait
Pour la première fois" dans une action non violente.

Les correspondances entre mots, valeurs numériques
En gematria "*mystiques*"
Sont censées partager des qualités
Similaires tout en révélant d'autres du divin, quelques aspects.

La gematria devient avec Abraham Aboulafia, grand penseur ésotérique
Un exercice spirituel de préparation à la vision extatique.

La gematria[16], le Notarikon[17] et la Temourah[18]
Sont les trois outils du hokhmat
Ha-zeruf, la combinaison
Des lettres, une discipline de méditation
Propre au judaïsme basée sur la respiration.

Le Notarikon ou la Notarique
Fait partie des trois systèmes cabalistiques
Avec la Gematria et le Temura.
Ce système utilise la combinaison des lettres pour déchiffrer la Torah.

Le terme hébreu de Notarikon est dérivé du mot latin notarius : écrivain.

Il existe deux formes de Notarikon :
Dans le premier système, on obtient
Avec chaque lettre, prise pour l'initiale ou l'abréviation
D'un autre mot
Mais dans un code nouveau.

---

[16] La numérologie de Gematria est basée sur une addition des valeurs des lettres composant un nom ou un mot donné. Ce calcul numérologique guématrie consiste à faire la somme des valeurs de chacune des lettres selon le tableau guématrie.

[17] Le Notarikon ou la Notarique fait partie des trois systèmes cabalistiques avec la Gematria et le Temura. Ce système utilise la combinaison des lettres pour déchiffrer la Torah.

[18] la Temura ou Thémoura (תמורה ou Temurah) est un procédé d'échange des lettres selon divers systèmes de combinatoire ou Tserouf (ציruf), il est dérivé de la racine « mour » (מור) qui signifie « changer », « substituer », « remplacer ». L'origine de ce système tient au fait que l'hébreu est une langue sans voyelles. Quand les massorètes voulurent mettre la Torah par écrit, ils voulurent enregistrer toutes les prononciations possibles des mots mais aussi faire œuvre de critique textuelle.

Ainsi, partant des lettres d'un mot, on peut former une nouvelle phrase.
Il n'existe pas une phrase, il existe des phrases[19].

La seconde forme de Notarikon est l'inverse de la première
Par celle-ci les lettres finales ou premières,
Ou les deux ou les médianes des mots
D'une phrase sont prises pour former un ou plusieurs mots[20].

Alors mon langage devient secret
Pour toi, qui est mon premier initié :
Tu lis des phrases entières dans mes mots
Et les mystères oraux
Deviennent des révélations
Dignes du sceau de Salomon
Héritées du grand roi David.

---

[19] Par exemple le mot tysarb. En se rappelant que l'hébreu se lit de droite à gauche, ce mot doit donc se lire brasyt, et après avoir ajouté les voyelles adéquates on obtient b(e)ras(h)yt(h). C'est le premier mot de la Genèse. Ce même mot tysarb peut également être décomposé en six lettres qui deviennent les initiales de six nouveaus mots : hrvt larsy vlbqys myhleq har tysarb (de droite à gauche), ou encore brasyt rah qlhym syqblv tvrh (de gauche à droite). Ce qui se traduit après avoir ajouté les voyelles : Berashit Rahi Elohim Sheyequebelo Israel Torah (traduction : « *Au commencement, Elohim vit qu'Israël accepterait la Loi.* »

[20] Par exemple la kabbalah est aussi appelée : hrtcn hmkx, ou chokhma Nesthora qui signifie *"la sagesse secrète"*. En prenant les initiales de ces deux mots, x et n, nous formons par la deuxième forme de Notarikon le mot nx, ou chen qui signifie : *"la grâce."*

Dents

Pour les Bambara, il existe une correspondance
Voire une ambivalence
Entre les dents et l'œil analogiquement associés
Aux concepts d'intelligence et d'univers identifiés.

Les Bambara distinguent parmi les dents
Trois groupes aux fonctions symboliques différentes successivement :
Les incisives, les canines et les molaires
Elles ont chacune une symbolique particulière,
Les incisives sont figuratives de renommée et de célébrité,
Apparaissant au premier plan
Quand les lèvres s'entrouvrent pour le rire enchanté,
Elles sont également signe de joie,
Quand te voilà : toi.
Et sont censées conférer à la parole une allure de jeunesse et de jovialité.

Les canines sont signe de travail, mais aussi d'acharnement
Et de haine simultanément.

Les molaires, symbole de protection,
Sont signe d'endurance
Et de persévérance.
Les personnes qui ont cette dentition
Passent pour tenaces et obstinées dans leurs discours.
Quitte à mettre en exergue l'amour.

Perdre ses dents, c'est être dessaisi de force agressive,
De jeunesse, de défenses vives.
C'est un symbole de frustration
De faillite et de castration.
C'est la perte de l'énergie vitale
Chez l'Homme comme chez l'animal.

Tandis que la mâchoire saine et garnie
Atteste la force virile et confiante réunies.

La tradition védique semble accorder un sens similaire aux dents
Et aux canines spécialement.

Elles sont : "Deux tigres qui poussent vers le bas,
Cherchant à dévorer le père et la mère, [à la fois]
Ô Agni[21], rends les favorables !
Soyez pacifiques et de bon augure !
Ce qui, de votre substance est redoutable
Ô dents, [qui complètent la figure]
Qu'il s'en aille autre part."
Et bien se servir de sa mâchoire.

La dent de sagesse, sert en Irlande, à l'incantation
Nommée *teinm laegda* ou l'illumination du chant.
Il nécessite de mettre le pouce dans la bouche précisément
De toucher un homme, un animal, une chose à propos desquels la question
Était posée
Tel était des druides, le secret.
Puis de chanter une invocation.

---

[21] Agni (sanskrit en devanagari : अग्नि) est l'une des principales puissances agissantes numineuses du védisme, seigneur du feu sacrificiel et du foyer. Dans la littérature védique, Agni est un dieu majeur souvent invoqué avec Indra et Soma. Agni est considéré comme la bouche des dieux et des déesses et le support qui leur transmet les offrandes dans un homa (rituel votif). Dans l'hindouisme, Agni est un des dieux principaux, que l'iconographie représente chevauchant un bélier. Agni est aussi vénéré dans le bouddhisme ésotérique.

Teinm Laegda est un état atteint par la relaxation
Dans un environnement rituel, et la clarification de l'esprit.
Cela impliquait généralement d'utiliser un outil de magie
Tel qu'un couteau, un bâton ou une épée.

Parfois, le druide devait toucher le sujet[22]
Ou manipuler directement un objet
Pour découvrir quelles connaissances secrètes y étaient contenues
Ces informations peuvent être des événements de la vie vécue
D'une personne, une histoire détaillée de qui et de ce qui est arrivé
À un objet ou même comment et pourquoi le sujet a été enchanté
Un flux spontané d'information, des vers poétiques pouvaient l'accompagner.

Le poète ou le héros doué de vision met son pouce sous sa dent de sagesse,
Le mord, chante un quatrain, puis un sacrifice aux dieux
Le cœur en liesse
Vers un état bienheureux.

---

[22] S'il était vivant, généralement sur la tête.

La poésie galante persane comme l'européenne,
Compare les dents à des perles de porcelaine
Ou à des étoiles ; souvent aussi à la grêle :
"Une rosée est tombée des narcisses [si belle][23]
Comme la pluie, elle a arrosé les roses (ta joue) ;
Transformée en cette grêle qui réjouit l'âme (tes dents),
Elle a criblé les jujubiers si doux"[24].
C'est une idylle à l'amour naissant.

La dent est un instrument de la prise de possession,
Tendant à aller jusqu'à l'assimilation :
La meule qui broie,
L'aliment ou la proie
Pour fournir
Un aliment au désir.

Les dents symbolisent la mastication,
L'aggressivité due aux aspirations
Des désirs matériels.
Les dents sont un outil nutritionnel.

Les dents du dragon figurent l'agressivité de la perversion dominatrice :
La mastication dévorante à l'inverse du sacrifice.

---

[23] Tes yeux.
[24] Tes lèvres.

De la semence des dents du dragon naissent les hommes de fer :
Les hommes se partageant la terre
Aux âmes endurcies qui,
Tel qu'il l'est décrit dans la théogonie
Se croient prédestinés au pouvoir
Ne cessent de s'entre-combattre en vue de satisfaire leurs ambitions
Du matin jusqu'au soir.
Ils veulent être maîtres de toutes possession.
Les ambitieux aux dents longues, qui tels des loups
Veulent dévorer le monde d'un seul coup.

Mais ce moyen d'assimilation
Est aussi le symbole d'une perfection,
S'il tend à assimiler les nourritures du ciel :
"Les dents signifient la perfection avec laquelle elles
Divisent qu'elles reçoivent ; car chaque essence intellectuelle,
Ayant reçu en don d'une essence plus divine
L'intellection intuitive comme à son origine,
La divise et la multiplie providentiellement
Pour élever spirituellement
Autant qu'elle le peut
L'essence inférieure dont elle a la charge [devant hommes et dieux]".

Langue

La langue est considérée comme une flamme
Elle en possède, la forme, la mobilité et l'âme.
Elle détruit
Ou elle purifie.

En tant qu'instrument de la parole, elle crée ou anéantit,
Son pouvoir est sans limite
De par son essence, elle propose, elle invite.
Elle est encore comparée à la balance[25]
Elle propose la justice comme une recherche d'équivalence.

---

[25] Elle juge.

Selon les paroles qu'elle profère, la langue est juste ou perverse
Quelquefois de par le fiel qu'elle déverse
"Une langue bienveillante est comme un arbre de vie ;
Mais perfide, elle brise le cœur"[iii]. Elle maudit, aussi.
Elle peut être arrogante : *"Une femme vertueuse*
Est la couronne [précieuse]
De son époux ;
[Qui se doit d'être fort et doux]
Une dévergondée, c'est la carie dans ses os"[iv].
La langue peut être mensongère et méchante avec des mots en trop
"On m'enveloppe de propos haineux,
On me fait la guerre sans motif"[v]. Et cela me rend malheureux.
"Les yeux hautains, la langue mensongère,
Les mains qui répandent le sang innocent"[vi] sur la terre[26]
"Ta langue prépare des ruines, comme un rasoir effilé,
Ô artisan de perfidie !"[vii] La puissance de la langue a une si grande totalité
Qu'appartiennent à son pouvoir la mort et la vie :
"La mort et la vie
Sont au pouvoir de la langue ;
Ceux qui aiment l'exercer en goûtent les fruits"[viii].
Rendant apaisés ou exsangues.

Quand il est fait allusion à la langue sans ajouter de qualificatifs
Il s'agit toujours d'une langue mauvaise à vif.

---

[26] Fait partie des six choses que l'Éternel déteste et sept qu'il a en horreur.

La langue de Dieu est comparée au feu dévorant :
"Voici la majesté de l'Éternel qui s'avance de loin :
Ardente est sa colère[27] [au demeurant]
Pesant le tourbillon de feu qui s'élève [près et dans le lointain],
Ses lèvres sont chargées de courroux,
Sa langue est comme un feu dévorant"[ix]
Symbole de son pouvoir et de sa justice : doux
Ou inclément.

"Leur apparaissent des langues, comme de feu ;
Elles se partagent et se posent une sur chacun d'eux"[x].
Symbolisent l'esprit saint,
Considéré en tant que force de lumière.
La clarté du divin
Sur l'ensemble de la terre.

Le don des langues permet à ceux qui en sont les bénéficiaires,
Lors de la réception de l'esprit saint [dans la lumière]
De s'exprimer dans les langages les plus divers
Avec une puissance invincible,
Et un amour indivisible.

La Aggada[28] ou aggadata désigne les enseignements
Non législatifs de la tradition juive, il y a plusieurs milliers d'ans.
Ainsi que le corpus de ses enseignements
Pris dans sa totalité.

___

[27] Ce paragraphe décrit le désastre des Assyriens devant Jérusalem.
[28] En judéo-araméen : אגדה, « *récitation* ».

Ce corpus de la littérature rabbinique recouvre un ensemble hétéroclite
De récits, homélies, anecdotes historiques, mythes
Exhortations morales ou encore conseils pratique dans différents domaines.
Ils naissent dans l'étude, sa joie et sa peine.

Il est principalement recueilli dans le Talmud : loi orale
Est le recueil principal des commentaires de la Torah[29],
Dont il est à la fois l'interprétation juridique : la Halaka
Et l'interprétation éthique et homélique : la Aggada ancestrale.

Le talmud
Signifie étude.
Il est constitué de deux écrits : la Mishna et la Gemara.

---

[29] La loi écrite.

La mishna[30] se veut le pendant oral de la Torah :
Elle ne discute pas à l'origine de la perception
De réciter le *"Shema Israël"*[31] deux fois par jour, selon la tradition,
Mais du moment
De son accomplissement.
Comme la Torah prescrit :
Dans ses enseignements de vie.
"Tu les inculqueras à tes enfants
Et tu t'en entretiendras, soit dans ta maison, soit en voyage,
En te couchant et en te levant"[xi].
Cela fait partie de l'attitude de l'homme sage.

---

[30] La Mishna (hébreu : משנה, « *répétition* ») est le premier recueil de la loi juive orale et par conséquent de la littérature rabbinique.

[31] Shema Israël : Écoute Israël, l'Éternel, notre Dieu, l'Éternel est un / Béni soit à jamais le nom de Son règne glorieux. / Tu aimeras l'Éternel ton dieu, de tout ton cœur, de toute ton âme / Et de tous tes moyens / Que les commandements que je te prescris aujourd'hui / Soient gravés dans ton cœur / Tu les inculqueras à tes enfants, tu en parleras (constamment), / Dans ta maison ou en voyage, en te couchant et en te levant / Attache-les en signe sur ta main / Et porte-les comme un fronton entre tes yeux / Écris-les sur les poteaux de ta maison et sur tes portes.

La mishna commence par discuter
Du temps du coucher
Qui commence de l'avis de tous lorsque les prêtres rentrent pour manger
Leur part de récolte prélevée
Mais termine selon Eliezer ben Hyrcanos à la fin de la première garde,
Tandis que les sages, le hazal[32] prolonge ce temps
Défiant toute mégarde.

Jusqu'à la mi-nuit ,(et le patriarche Gamliel)
Jusqu'au moment de la lueur nouvelle
Qu'il est non seulement permis
Mais obligatoire de réciter le Shema après la mi-nuit
Si on ne l'a pas fait auparavant,
Il faut le faire à un autre moment.
Les sages ont pris cette précaution
Pour éloigner autrui de la transgression.

---

[32] Ḥaza"l (ברכהל כרמז כמינוח Ḥakhamenou, zikhram livrakha « nos sages, de mémoire bénie ») est un terme générique désignant, dans le judaïsme rabbinique, les dirigeants spirituels du peuple d'Israël et les décisionnaires en matière de *Halakha* (Loi juive) dans la période s'étendant du Second Temple à la clôture du Talmud de Babylone, au VIe siècle de l'ère commune.
Les Sages se situent à une période cruciale de l'histoire juive, où les Juifs passent d'un statut de nation juive centrée autour de leur terre, la Judée et de leur Temple, à un peuple dont le centre est principalement spirituel. Ils jouent un rôle crucial dans la transmission des traditions orales juives rabbiniques, sous forme orale d'abord, écrite ensuite.

Les traités de la Mishna sont groupés en six parties
Clairement établies :
Les semences : Zéra'im
Les rendez-vous, les fêtes : Mo'ed
Dans le moëd,
Les femmes : Nashim
Les dommages : Nezikim
Les objets sacrés : Kodashim
Les puretés : toharot
Avec toutes les impuretés que la mikveh ôte.

Le premier commentaire exclusivement consacré à la Mishna
Est celui de Moïse Maïmonide, rabbin séfarade de Cordoue[33].
Sa famille a pris le nom d'Ibn Abdallah.
Il est nommé Raïs al Yahoud[34].

Le trait principal de ce texte est sa profonde dimension religieuse
Encore plus significative durant les nuits et les journées orageuses,
Il traite du rapport de l'Homme à Dieu[35]
Un Dieu qui veut,
Un homme libre, qui cherche en retour la bénédiction divine.
C'est un texte dans lequel le contrat qui domine
Est la marque du plus grand respect réciproque de l'Alliance :
Entre l'exigence de Dieu et les hommes une réelle équivalence.

La gémara ou guemara est un commentaire de la Mishna
Qui la relie plus clairement au Tanack étant écrite principalement en hébreu
Est appelée également *"Bible hébraïque"*, une loi
Qui rassemble un peuple, peu nombreux.

Bien que l'araméen se soit introduit
En bonne partie
Dans les livres d'Esdras et de Daniel,
Ainsi que dans une phrase du livre de Jérémie
Tous respectent le nom de l'Éternel :
Ils l'appellent Elaha aussi.

---

[33] 30 mars 1138 – 13 décembre 1204.
[34] Dirigeant des juifs.
[35] Qui l'a créé à son image.

Selon la tradition juive, le Tanack est constitué de vingt-quatre livres :
Des textes à méditer et à vivre,
La Torah en contient cinq, les Nevi'im huit et les Ketouvim onze
Et jusqu'à nous se prolongent.

Les auteurs de la Gémara sont appelés : les Amoraïm[36]
Juges de nos crimes ;
Elle fut rédigée simultanément, au XVIe en Galilée et en Mésopotamie,
Notamment sous l'impulsion de Rav Achi.

Dans la Aggada, il est parlé de la langue mauvaise : lachone hara
Qui est un des quatre fléaux : l'obéissance à de fausses lois
Causant la perversion du monde : meurtre, impudicité et idôlatrie.

La langue mauvaise, la calomnie
Était considérée comme une affaire grave
Dans la tradition hébraïque, vingt-trois juges étaient requis
Pour nommer ceux qui n'avaient rien de brave.
Pour juger un calomniateur :
(Qui médit à toute heure)
Le procès était engagé comme mettant la vie en péril,
Le calomniateur : motsi chem râ[37] était d'une certaine manière en exil
Un criminel, dans la vie saine.
Un être plein de haine.

---

[36] Ceux qui parlent ou ceux qui expliquent.
[37] C'est-à-dire qui fait sortir un nom mauvais.

La langue humaine est prise comme équivalent de la tête dans une digression
Du récit irlandais du Serlige ConCulaind ou maladie de Cùchulainn.
(Deux expressions dominent)
Il est dit que les héros d'Ulster, dans leurs héroïques contestations
Montraient les langues des ennemis qu'ils avaient tués
En combat singulier.

Dans quelques contes populaires bretons,
Le héros garde soigneusement les langues de l'hydre ou du dragon
À plusieurs têtes qu'il vient de tuer.
Elles lui servent de justification pour confondre l'usurpateur
Qui s'est emparé indûment des têtes et veut passer pour le vainqueur.

Pour les Bambaras, la langue est avec la jambe, le sexe, le nez
L'un des quatre organes dont dépend la bonne marche de la société.
Organe de la parole, elle est considérée comme le créateur du verbe
Chargé d'un pouvoir de fécondation[38] qui est le véhicule de ce verbe.

De la langue dépend le commerce humain ;
Elle peut être aussi facteur de toutes sortes d'entretien
De conflits, de disputes, mais aussi de fortune de richesse matérielle
Et spirituelle.

D'elle-même, elle est censée
Ne pouvoir dire que la vérité,
Elle n'a qu'une seule couleur et sa fonction sociale
(Il n'y a pas de mensonges dans le monde animal)
Est de donner sa couleur à la société,
Aussi dira-t'on d'un menteur qu'il a la langue rayée.

Savoir tenir sa langue, pour les Bambaras comme pour les Européens
Signifie avoir atteint l'âge d'homme se maîtriser, avoir du maintien.
C'est pourquoi dans certains rites d'initiation,
Les impétrants se fustigent, en s'efforçant d'oublier sensations.

---

[38] La pluie, le sang, le sperme, la salive.

La valeur exceptionnelle que les Bambaras accordent à cet organe
Vient sans doute de ce qu'au-delà de la parole, cette membrane
C'est la Connaissance : le bien suprême.
C'est la Connaissance qu'ils aiment
Qui constitue la fortune de la langue.
Ils le disent en toute conscience sans être sous l'effet de quelques bangues[39].

D'autre part, la langue est l'organe du goût, c'est-à-dire du discernement
Elle sépare ce qui est bon de ce qui est cause du désagrément.
Ce qui, rejoignant par un autre de ses aspects
Le complexe symbolique du fouet.
Les Bambaras l'assimilent également au rasoir et au couteau.

Cette expression symbolique langue des oiseaux
Désigne en alchimie
Une façon de procéder par analogies
Et équivalences phonétiques.

Dans le style ésotérique
C'est l'art du son,
D'où le nom d'Art de Musique donné à l'alchimie traditionnelle.

---

[39] Le bangue n'est autre chose que le chanvre, dont les feuilles fumées ont une faculté enivrante.

Œil

L'organe de la perception visuelle est naturellement
Et presque universellement
Le symbole de la perception intellectuelle.
La recherche inconsciente de la lumière si belle.

L'œil de la Providence ou l'œil omniscient
Est un symbole montrant
Un œil entouré par des rayons de lumière et habituellement
Dans la forme d'un triangle équilatéral.
Qui accède à l'état sidéral
Par sa dimension mystique et surnaturelle
Qui passe de l'apparence irréelle à l'état éternel.

Il est généralement interprété
Comme la représentation de l'œil de Dieu
Exerçant sa surveillance sur l'humanité.
Et qui quelquefois exauce les vœux.

Son symbole est repris par plusieurs religions
Et sociétés philosophiques
C'est une dimension
Ésotérique et unique.

La puissance visuelle illimitée
Est l'attribut de la divinité
Dont l'œil est le symbole.
Celle-ci est complétée par la parole.

Dieu voit tout, rien ne lui échappe des pensées
Et des actions humaines, même les plus cachées.
Dieu est omniscient, omniprésent et omnipotent
Voir, savoir et agir sont ses attributs étroitement
Reliés entre eux
Pour l'ensemble des dieux :
Cette connaissance absolue est attribuée aux dieux de l'Inde Indra ou Varuna
À ceux de l'Iran, Ahura Mazda, Mithra.

Dans les civilisations mésopotamiennes
Des yeux votifs, comme des remerciements par centaines
Sont taillées en ronde bosse dans la pierre,
Portant le nom de la divinité
À laquelle ils sont offerts.

Sur des monnaies celtiques, l'œil divin est aussi représenté
Des représentations d'un œil omniscient
Se trouvant dans l'antiquité
De l'Égypte et de ses secrets si troublants.
L'œil oudjat est un symbole de protection
Qui éloigne des mauvais frissons.

Dans l'antiquité, l'œil du Dieu des monothéismes juif, chrétien ou musulman
Voit et entend tout, tout le temps.
Parfois l'œil divin apparaît
Dans le ciel entouré de nuées
Qu'il dissipe.
Il rayonne de lumière, tel est le principe.
L'inscription dans un triangle peut aussi être symbole de la trinité divine.
Le triangle est une de ces origines.

L'œil de la providence apparaît également dans l'iconographie
De la franc-maçonnerie,
Au centre d'un triangle rayonnant parfois appelé "*delta lumineux*"
Symbole riche et heureux ;
Des variations peuvent être trouvées,
L'œil étant remplacé par la lettre "*G*"
Signifiant Géométrie, Gnose ou bien Dieu (God en anglais).

Une théorie du complot cherche à démontrer
Que l'œil de la Providence apparaît
Au sommet d'une grande pyramide inachevée
Sur le grand sceau des États-Unis
Est le signe de l'influence de la franc-maçonnerie
Dans ce pays.

Cette théorie est adoptée au cinéma[40] dans le film de Disney,
Benjamin Gates et le trésor des Templiers.
L'utilisation de l'œil dans la franc-maçonnerie
Est un symbole fondateur, précis.
Est souvent évoqué dans un triangle
Dans le temple, dans un grand angle.
Parmi les trois membres du comité
Qui créa le dessin originel du Grand Sceau créé,
Seul Benjamin Franklin était franc-maçon.
Sa volonté était de venir en aide à la société de quelques façons.

Thomas Jefferson soutenait ouvertement les idées de la franc-maçonnerie
Bien que rien ne prouve qu'il en est fait partie.

Celui qui a des yeux désigne expressément, chez les Eskimos,
Le chaman, le clairvoyant.
Il a des yeux au-dessus et en-dessous des eaux
Le regard profondément pénétrant.
Tant dans la Bhagavad Gitâ,
Les deux yeux sont identifiés aux deux luminaires
Qui éclairent la terre :
Le soleil et la lune ; ce sont les deux yeux de Vaishvanara.

---

[40] En 2004.

De même, soleil et lune sont encore une fois
Dans le Taoïsme, les deux yeux de P'ankou ou de Lao-kiun, dans le Shintô
Ceux d'Izanagi.
Les origines du shintoïsme existent avec le koshintō.
Traditionnellement, l'œil droit (soleil infini)
Correspond à l'activité et au futur liés,
L'œil gauche (lune) à la passivité et au passé.
La résolution de cette dualité
Fait passer de la perception distinctive
À la perception unitive.

Le caractère chinois ming (lumière)
Est la synthèse des caractères
Qui désignent la lune et le soleil.
"Mes yeux figurent le caractère ming, comme un éveil",
Lit-on dans un rituel de société secrète.
Célébration qui se veut discrète.

Le troisième œil correspond au feu quand il est destructeur,
Son regard réduit tout en cendres à l'heure
Ou exprimant le présent sans dimensions,
La simultanéité, il détruit la manifestation.

La vision dualistique est aussi une perception mentale
L'âme a deux yeux écrit Silésius, un poète, théologien original
Puisque l'un regarde le temps
L'autre est tourné vers l'éternité. (comme un soleil levant)

Selon les Victorins, l'un est amour, l'autre la fonction intellective
On conçoit de nouveau que la vision intérieure dérive
Vers l'unification de telles dualités[41].
L'œil de l'âme est non seulement unique, mais sans mobilité :
Il n'est donc susceptible que d'une perception globale et synthétique
D'un point de vue philosophique.

La même expression d'œil du cœur ou de l'esprit existe chez Plotin,
Saint Paul, saint Jean Climaque, Philotée le Sinaïte, saint Augustin…

M. Schuon l'a relevé de façon semblable chez les sioux,
L'œil du cœur, c'est l'homme voyant Dieu avec ou sans courroux
C'est aussi Dieu voyant l'homme, il est l'instrument de l'unification
De Dieu et de l'âme, du Principe et de la manifestation.

Chez les Fuégiens, il sort du corps (sans pour autant se séparer de lui)
Et se dirige spontanément vers l'objet de la perception.
Celle-ci infinie
Autorise une nouvelle dimension.

L'ouverture des yeux est un rite d'ouverture à la connaissance,
Un rite d'initiation.
Dans le domaine indien, c'est une naissance
Une révélation :
On ouvre les yeux des statues sacrées
En vue de les animer.

---

[41] Selon Platon, et Saint Clément d'Alexandrie.

L'œil du monde est aussi le trou au sommet du dôme
Correspond à Agni[42] et qui désigne aussi le Bouddha.
Porte du soleil, porte des hommes
Qui signifie même l'au-delà :
Regard divin embrassant le cosmos pour son entrée et sa sortie
Dans l'espace de la Vie.

L'œil correspondant au feu est mis en rapport avec la fonction contemplative
D'Amitâbbha[43], son trône est soutenu par la beauté exclusive
Du paon, dont le plumage est semé d'yeux.

---

[42] Agni (sanskrit en devanagari : अग्नि) est l'une des principales puissances agissantes numineuses du védisme, seigneur du feu sacrificiel et du foyer. Dans la littérature védique, Agni est un dieu majeur souvent invoqué avec Indra et Soma. Agni est considéré comme la bouche des dieux et des déesses et le support qui leur transmet les offrandes dans un homa (rituel votif). Dans l'hindouisme, Agni est un des dieux principaux, que l'iconographie représente chevauchant un bélier. Agni est aussi vénéré dans le bouddhisme ésotérique.
[43] Amitābha, Amitāyus ou encore Amida, en japonais 阿弥陀, est un bouddha du bouddhisme mahayana et vajrayana. Il règne sur la « Terre pure Occidentale de la Béatitude » (sanskrit: Sukhāvatī, chinois: Xīfāng jílè shìjiè, ja.: saihō goraku sekai 西方極樂世界), un monde merveilleux, pur, parfait, libre de mal et de souffrance.

Les sarcophages égyptiens sont souvent ornés
D'un dessin de deux yeux,
Qui étaient censés permettre au mort de suivre sans se déplacer
Le spectacle du monde extérieu ;
De plus la religion égyptienne s'attache aussi à l'intérieur.
Dans les traditions égyptiennes, l'œil se révèle comme de nature solaire
Et ignée, source de lumière
De connaissance et de fécondité
C'est une conception qui se retrouvera, transposée
Dans Plotin, le philosophe alexandrin,
Néo-platonicien[44]
Pour qui l'œil de l'intelligence humaine ne pouvait contempler
La lumière du soleil (esprit suprême) sans participer
À la nature même de ce soleil-esprit
Et se mêle à la vie.

Pour les mystiques, notre monde n'est qu'un rêve ;
Le monde et la réalité véritables se trouvent dans l'Un divin
Atteignant ainsi la trêve
Un beau jour, dans un premier matin.

---

[44] Du IIe siècle ap. J. - C..

Dieu est la seule véritable source réelle et ultime
D'où sortent toutes choses
Partageant avec la connaissance kabbalistique intime
Le mystère de la beauté des roses.
On emploie donc 'ayin[45] dans son double sens de source et de réel
Pour indiquer l'existence de la plus profonde essence d'un Dieu éternel.

Finalement on peut noter que le terme ayn ul-yaquîn[46]
Le degré de certitude divine
Peut être utilisé au sens d'intuition,
Selon une double acception :
Sens pré-rationnel de la compréhension intuitive
Des premiers principes philosophiques,
Et sens post-rationnel de la compréhension intuitive
De la vérité supra-rationnelle mystique.

La poésie élégiaque arabe persane associe
L'œil dans ses multiples métaphores
Aux notions de danger, d'ivresse, de magie.
Dans des vers aussi beaux que le plus pur des ors.

---

[45] Œil en hébreu.
[46] Le degré de la certitude en Islam.

"L'œil de la belle est dit à demi ivre
Ou ivre,
Mais non de vin. Il est celui qui poursuit les lions
Ou qui prend les lions ;
Il est avide de sang, meurtrier,
Il est aussi en particulier
Une coupe, un narcisse, une gazelle, un coquillage".
L'œil de la Belle est un paysage.

Le mauvais œil est une expression très répandue dans l'Islam
Il en a la vigueur et la flamme,
Symbolise une prise de pouvoir avec vanité et intention méchante.
Il est cause dit-on de la mort d'une moitié de l'humanité
Ce qui est une évidence violente.
Il faut tout faire pour s'en préserver.

L'individu qui possède le mauvais œil est appelé en arabe ma'iân
Occasionne à ce qu'il regarde un dommage que l'on condamne.

Il existe des moyens de défense contre lui
Pour ramener la tranquille vie :
Voile, dessins géométriques, fumigations odorantes, objets brillants
Sel, corne, alun, main de fatma, croissant.

Dans les traditions de l'Europe du Nord, il existe un roi borgne et voyant
Eochaid, roi du Connaught qui donne son œil unique au mauvais voyant :
Le druide d'Ulster Aithirne, exemple même du druide dévoyé
Réputé pour tout ce qu'il a osé exiger ;
Et qui se venge en se servant
De sa magie notamment
De la satire mortelle du glam dicinn
Des morts qu'il engendre et dont il est l'origine.

De toutes ses extravagances, on peut retenir qu'il exige
Du roi borgne Eochaid Mac Luchta et lui inflige
Qu'il lui remette son œil valide,
Ce qui est équivalent à un homicide.

Il veut coucher avec l'épouse de Tigerna Tetbuillech roi de Munster
Ainsi qu'avec la reine Buân, épouse de Mesgegra, qui fier
Tue Athirne. Mais Mesgegra sera tué
Sa tête coupée et récupérée
Par sa veuve, qui fait de sa cervelle, une arme redoutable.

Le roi Eochaid va ensuite se purifier à une source
Et en récompense de son caractère équitable
Dieu lui rend les deux yeux et leurs ressources.

Le dieu Mider, qui a perdu son œil dans une rixe
Ressurgira't-il tel un phœnix ?
Oui, grâce à Œngus et son père le Dagda
Qui font venir le dieu-médecin Diancecht qui pourvoie
Au rétablissement du dieu.
Mais Diancecht a ainsi le droit
De réclamer un char, un manteau et la plus belle jeune fille d'Irlande.
Tels furent ses vœux.
La mère d'Œngus Boand,
En punition de son adultère avec le Dagda,
Se fait enlever un œil, une jambe, un bras
Par l'eau de la source de la Segais
Où elle était allée se purifier.

L'œil apparaît ici comme une équivalence symbolique
De la conscience souveraine.
La faute, la colère, la violence non bénéfiques
Empêchent de régner, car ce sont des aboutissants de haine.
Au contraire, la générosité ou l'aveu rendent clairvoyant
Jusque dans la nuit des temps.

D'autre part, l'œil est un équivalent du soleil
Et l'irlandais *sûl*, œil, correspond au nom britonnique du soleil.
En Gallois, le soleil est dit par métaphore œil du jour[47].
La figure de style prévaut toujours.

---

[47] Hygad y dydd.

Par contre l'œil unique des personnages inférieurs
De la série des Fomoire est maléfique, source de malheurs :
L'œil de Balor paralyse toute une armée
Et il faut le soulever avec un crochet.

La reine Medb transforme les enfants de Caltin en sorciers
Elle les rend borgnes de l'œil gauche
Et toutes les sorcières[48] sont borgnes de l'œil gauche.
La cécité est un signe de voyance
Et il est des druides ou des devins qui sont aveugles et prophétisent.
On se rappellera de Tirésias et d'Homère qui à distance
Des hommes découvrent l'avenir par incise.

Pour les Bambaras, le sens de la vue
Est celui qui résume, qui remplace tous les autres proposés
Le seul permettant une perception connue
Qui revêt un caractère d'omni-possibilité.

Pour cette peuplade l'image perçue par l'œil n'est pas virtuelle
Et constitue un double matériel.

---

[48] Que l'on rencontre dans les légendes insulaires.

Pendant l'acte sexuel, la femme s'unit à son mari par le sexe et par les yeux.
Les Bambaras disent : la vue c'est le désir souvent amoureux.
Aussi, métaphoriquement, l'œil recouvre les notions de beauté,
De lumière, de monde, d'univers, de vie.
Peut-être aussi d'éternité,
De défi.

Dans la tradition maçonnique,
L'œil symbolise sur le plan physique
Le Soleil d'où émanent la vie et la lumière ;
Sur le plan intermédiaire[49]
Le Verbe, le Logos, le Principe créateur ;
Sur le plan spirituel ou divin bienfaiteur
Le grand architecte de l'univers.

---

[49] Ou astral.

Nez

Le nez, comme l'œil est un symbole de clairvoyance, de perspicacité,
De discernement plus intuitif que raisonné.

Pour les Bambaras avec la jambe, le sexe et la langue, le nez
Est l'un des quatre ouvriers de la société.

Organe du flair, qui décèle les antipathies,
Les sympathies,
Il oriente les paroles et les désirs
Guide la marche de la jambe de façon vive
Et complète l'action des trois autres sbires
Responsables du bon ou du mauvais fonctionnement de la collectivité
En tenant compte du yin et du yang, qui toujours ravive.

Les Yakoutes, les Tongouses et de nombreux peuples chasseurs de Sibérie
Conservent à part les museaux de renard et de zibeline,
Car l'âme de l'animal s'y introduit de façon plus ou moins maline.

Les Tchouktches conservent les museaux des fauves dans l'idée
Qu'ils protégent la maisonnée.

Au XIXème siècle, les Lapons prélevaient la peau du museau de l'ours
Et celui-ci donnait à l'homme, une nouvelle identité, une nouvelle source.
Et l'homme qui découpait la tête de la bête
Se la mettait autour du visage, comme une conquête.

Un chant finnois précise le sens de ces coutumes par ces mots :
"*Je prends le nez de mon ours pour lui ravir son flair*".
Ainsi : l'Homme a-t'il toujours dominé les animaux ?
En particulier, les ours polaires ?

Au Japon, les orgueuilleux et les vantards passent pour avoir de longs nez
Et l'on dit qu'ils sont des tengus :
Qui sont montrés nus
Et représentés sous forme de lutins des montagnes affublés
D'un long nez ou d'un bec de rapace.
Qui ne sont nullement des gagasses.

Avec son visage rouge et son long nez,
Le démon tengu est une créature japonaise populaire.
Il fait partie des yokai, les créatures invisibles souvent cachées
Ces créatures chimériques représentaient les peurs primaires :
La peur de l'inconnu et les tourments inexpliqués.
Au fur et à mesure, elles se sont dotées de nouveaux pouvoirs
Marquant l'intérêt croissant du peuple dans les histoires
Des mondes invisibles.

Oreilles

Le symbolisme le plus remarquable appliqué à l'oreille est celui
Qui se rapporte au mythe de Vaishvânara comme intelligence cosmique,
Ses oreilles correspondent aux quatre directions de l'infini.
Ce qui est très frappant, c'est l'espace concentrique.

Nous notons à propos du van, le rôle très particulier
De discrimination attribué
Aux oreilles de Ganesha, larges comme des vans
Et assumant en conséquence, la même fonction, sensibles aux brahmanes.

En Chine, les oreilles longues sont signes de sagesse et d'immortalité
Lao-tseu avait des oreilles longues de sept pouces.
Que rien ne courrousse.
C'était aussi le cas d'illustres personnalités
Et d'une exceptionnelle longévité,
Tels Wou-kouang, Yuan-kieou,
Et le prodigieux héros légendaire des sociétés secrètes : Tchou.

La perception hindoue des sons inaudibles qui sont des reflets
De la vibration primordiale est le secret
De la mystérieuse perception taoïste de la lumière auriculaire.
Qui est un mystère.

En Afrique, l'oreille symbolise toujours l'animalité.
Pour les Dogons et Bambaras du Mali, l'oreille est un double symbole sexuel :
Le pavillon étant une verge érigée
Et le conduit auditif, un vagin digne de Cybèle.

Ce qui s'explique par l'analogie du sperme et de la parole
Tous deux homologues de l'eau fécondante aux sons de taroles
Dispensée par la divinité suprême
Qui ici et là, fécondent et sèment.

La parole de l'homme disent les Dogons
Est aussi indispensable à la fécondation
De la femme que sa liqueur séminale :
La parole est semblable au sperme mâle
Qui descend par l'oreille, s'écoule dans le vagin
Pour s'enrouler en spirale autour du point utérin
Et féconder celui-ci.

Selon un mythe Fon dont le Vaudou a été acclamé en Haïti
La divinité créatrice Mawu, après avoir créé la femme
Ajouta les organes génitaux, puis l'âme
À la place des oreilles.

Cette symbolique sexuelle de l'oreille
Se retrouve jusque dans l'histoire des premiers temps du christianisme :
Un hérétique du nom d'Elien, écrit Rémy de Gourmont
Fut condamné au concile de Nicée pour sa citation:
Le Verbe est entré par l'oreille de Marie
En plein puritanisme.

Néanmoins l'Église , préférant que ce sujet ne fût pas trop approfondi,
Ne s'est plus prononcée dogmatiquement
Et a laissé Énodius reprendre la thèse d'Elien.
Elle a permis que le missel de Salzbourg s'appropriât ces deux vers :
"Gaude, Virgo mater Christi
Quae per aurem concepisti"[50].
Et le bréviaire
Des Maronites contient encore une antiphonie :
"Verbum Patris per aurem Benedictae intravit"[51]
Une autre interprétation, ainsi s'invite.
L'oreille symbolise l'obéissance à la parole divine
Et de toutes ses origines
C'est pour avoir entendu,
Au sens plénier de comprendre et d'accepter
Que l'annonce lui soit sue :
Marie, librement conçut le messie.
L'oreille est ici l'organe de compréhension
Comme la vue, le toucher, l'odorat, le goût, indispensable est l'ouïe.

---

[50] Réjouis-toi, Vierge, Mère du Christ, qui par l'oreille a conçu.
[51] La parole du père à travers l'oreille est réalisée.

Le percement de l'oreille est une forme très ancienne d'engagement
Mais aussi d'appropriation. On le trouve dans l'Ancien Testament :
"Il peut arriver que l'esclave te dise : Je ne veux point te quitter
Attaché qu'il sera à toi et à ta [maisonnée],
Parce qu'il aura été heureux chez toi ;
Alors [un poinçon] tu prendras
Tu en perceras son oreille contre la porte, et il restera
Ton esclave indéfiniment.
Tu en useras [...] pour ta servante également"[xii].

En Orient, les derviches de la confrérie des Bektachi
Qui prononçaient des vœux de célibat pour la vie,
Se perçaient également une oreille et portaient une boucle en or
À laquelle on les reconnaissait.
La tradition européenne, voulait encore
Que les marins se percent une oreille
Et portent une boucle pour signifier
Leurs fiancailles avec la mer
… À sans doute le même éveil.

Une des incantations druidiques, que les textes irlandais profèrent
Est le briamon smethralge[52] qui se pratique sur l'oreille
Le druide frotte celle de la personne sans pareil
Par l'incantation et celle-ci meurt.
Non seulement le druide isole l'homme de l'humanité
Mais cause son malheur.
Et, il le fait mourir en l'empêchant de communiquer
Avec autrui
Et il le met dans l'impossibilité
De recevoir un enseignement de quelque nature que se soit
Et de quelques façons que ce soit.

Dans plusieurs cas signalés par l'hagiographie insulaire
C'est à l'allaitement symbolique que l'oreille sert
De valeurs spirituelles,
Qui à travers la religion nous interpelle
Données par quelques saints à leurs disciples préférés.
Toujours prêts à être aimés.

Dans l'allégorie de l'éloquence du Kunstbuch d'Albrecht Dürer,
Les personnages qui suivent Ogmios.
Ogmios est un dieu de la mythologie celtique gauloise, il se réfère
Également à la mythologie celtique irlandaise, comme en Écosse[53][54].

---

[52] Le sens de l'expression est obscure.
[53] Avec les Picti, les Bretons, les Scots.
[54] Sous le nom d'Ogme.

Il a deux aspects à Mag Tured Ogme est un champion
À la grande force physique, bon
Qui se bat du côté des Thuatha Dé Dannan.
Mais il est aussi
Un patron en poésie
Et le père de l'ogham.
Aucune force surnaturelle ne le condamne.

L'ogham, ou écriture oghamique
Est un alphabet antique
Utilisé principalement par l'irlandais primitif[55] et le vieil irlandais.
Les inscriptions de textes très courts sont la grande majorité
Composés principalement de noms de personnes.
Celles-ci foisonnent.

L'usage de cette écriture semble poser soucis.
Deux hypothèses contradictoires existent : la première inscrit
Qu'elle était réservée aux représentants de la classe sacerdotale,
Les druides, qui privilégient par ailleurs la tradition orale.
La seconde hypothèse privilégie une origine chrétienne.
Il y a donc deux origines : l'une chrétienne et l'autre païenne.

Philippe Jouet a rappelé les étymologies
D'Ogmios par un terme indo-européen : "*Hek*" : voûte, pierre.
Dans les deux cas, la graphie
Est similaire.

---

[55] Forme dite orthodoxe du IVe au VIe siècle.

Pour Xavier Delamarre, la racine de son nom signifierait :
Chemin, conducteur, sentier.
Il guide ses fidèles et est aussi psychopompe : il accompagne les morts...
Jusqu'aux bords
De l'autre monde.
En quelques secondes.

Ogme est l'héritier d'une des divinités majeures de la religion cosmique,
Le ciel Nocturne qui a été intégré dans le panthéon divin
Avec des déperditions dans la religion politique
Et des subsistances dans la cosmologie d'un monde païen.
La théologie celtique résulte de cette évolution
Sa naissance provient de plusieurs situations.

Ogme et son frère Eochaid Aed dit Dagda,
Prolongent les anciens Ciel Nocturne
Et Ciel Diurne.
Cette répartition explique la rivalité d'Elcmár[56] et du Dagda
Pour séduire Étain et engendrer Œngus, divinité solaire.
Le Dagda a magiquement éloigné Elcmár,
Qui exerçait un pouvoir
De rétention sur les eaux vives et la lumière.

Les personnages qui suivent Ogmios lui sont attachées par des chaînes
Allant de la langue du Dieu aux oreilles de ses adorateurs.

---

[56] Petit-fils d'Ogme.

Un petit bronze du musée de Besançon met en scène
Un dieu à l'oreille de cerf plein de vigueur
Accroupi dans la posture dite bouddhique
Contribuant ainsi à un art mythologique.

L'oreille est le symbole de la communication,
De l'expression et de l'audition
En tant que celle-ci est reçue et passive,
Non en tant que transmise et active.

À Pozan, en Birmanie, se trouve une très ancienne statue de Bouddha
Une véritable merveille,
Recevant la révélation par les oreilles.

Saint Paul n'a-t-il pas dit aussi que la foi
Venait de la tradition orale,
Tel un fluide simple et original.
Mais en précisant qu'elle était reçue par l'audition[57].
L'oreille apparaitrait ici comme une matrice de la création,
Ou tout au moins le canal, de la vie spirituelle
L'oreille révèle.

Selon la légende grecque du roi Midas[58], les grandes oreilles seraient
Aussi les insignes de la stupidité.
Mais l'analyse de la légende révèle bien davantage :
En préférant la flûte de Pan à la lyre d'Apollon et son monde sage
Le roi Midas a choisi ce que symbolisent ces dieux, la séduction des plaisirs
Au lieu de l'harmonie et de la raison.

Ses grandes oreilles signifient la bêtise et le vulgaire rire
Issue de la perversion de ses désirs.

Bien plus, il veut cacher sa difformité :
Il ne fait qu'ajouter à la luxure, à la sottise, la vanité.

---

[57] Fides ex auditu.
[58] Le roi Midas, symbole de la platitude banale est malgré son refus de le reconnaître l'homme le plus niaisement dupe de tous les mortels.

Table des matières

Cordon ombilical 7
Chair 11
Bouche 17
Dents 29
Langue 35
Œil 47
Nez 61
Oreilles 63

Références bibliographiques

i Jn, 6.23
ii Ez, 36.26
iii Pr, 15.4
iv Pr, 12.4
v Ps, 109.3
vi Pr, 6.17
vii Ps, 52.4
viii Pr, 18.21
ix Is, 30.27
x Ac, 2.3
xi Dt, 6.7
xii Dt, 15.16 à 17